TRANZLATY

Language is for everyone

Språk är till för alla

Beauty and the Beast

Skönheten och Odjuret

Gabrielle-Suzanne Barbot de Villeneuve

English / Svenska

Copyright © 2025 Tranzlaty
All rights reserved
Published by Tranzlaty
ISBN: 978-1-83566-991-4
Original text by Gabrielle-Suzanne Barbot de Villeneuve
La Belle et la Bête
First published in French in 1740
Taken from The Blue Fairy Book (Andrew Lang)
Illustration by Walter Crane
www.tranzlaty.com

There was once a rich merchant
Det fanns en gång en rik köpman
this rich merchant had six children
denna rike köpman hade sex barn
he had three sons and three daughters
han hade tre söner och tre döttrar
he spared no cost for their education
han sparade ingen kostnad för deras utbildning
because he was a man of sense
eftersom han var en förståndig man
but he gave his children many servants
men han gav sina barn många tjänare
his daughters were extremely pretty
hans döttrar var extremt vackra
and his youngest daughter was especially pretty
och hans yngsta dotter var särskilt vacker
as a child her Beauty was already admired
redan som barn beundrades hennes skönhet
and the people called her by her Beauty
och folket kallade henne för hennes skönhet
her Beauty did not fade as she got older
hennes skönhet bleknade inte när hon blev äldre
so the people kept calling her by her Beauty
så folket fortsatte att kalla henne för hennes skönhet
this made her sisters very jealous
detta gjorde hennes systrar mycket avundsjuka
the two eldest daughters had a great deal of pride
de två äldsta döttrarna hade en stor portion stolthet
their wealth was the source of their pride
deras rikedom var källan till deras stolthet
and they didn't hide their pride either
och de dolde inte heller sin stolthet
they did not visit other merchants' daughters
de besökte inte andra köpmäns döttrar
because they only meet with aristocracy
eftersom de bara möter aristokratin

they went out every day to parties
de gick ut varje dag på fester
balls, plays, concerts, and so forth
baler, pjäser, konserter och så vidare
and they laughed at their youngest sister
och de skrattade åt sin yngsta syster
because she spent most of her time reading
eftersom hon tillbringade större delen av sin tid med att läsa
it was well known that they were wealthy
det var välkänt att de var rika
so several eminent merchants asked for their hand
så bad flera framstående köpmän om sin hand
but they said they were not going to marry
men de sa att de inte skulle gifta sig
but they were prepared to make some exceptions
men de var beredda att göra några undantag
"perhaps I could marry a Duke"
"Jag skulle kanske gifta mig med en hertig"
"I guess I could marry an Earl"
"Jag antar att jag skulle kunna gifta mig med en Earl"
Beauty very civilly thanked those that proposed to her
skönhet tackade mycket hövligt de som friade till henne
she told them she was still too young to marry
hon sa till dem att hon fortfarande var för ung för att gifta sig
she wanted to stay a few more years with her father
hon ville stanna några år till hos sin pappa
All at once the merchant lost his fortune
På en gång förlorade köpmannen sin förmögenhet
he lost everything apart from a small country house
han förlorade allt förutom ett litet hus på landet
and he told his children with tears in his eyes:
och han sa till sina barn med tårar i ögonen:
"we must go to the countryside"
"vi måste gå på landsbygden"
"and we must work for our living"
"och vi måste arbeta för vårt liv"

the two eldest daughters didn't want to leave the town
de två äldsta döttrarna ville inte lämna staden
they had several lovers in the city
de hade flera älskare i staden
and they were sure one of their lovers would marry them
och de var säkra på att en av deras älskare skulle gifta sig med dem
they thought their lovers would marry them even with no fortune
de trodde att deras älskare skulle gifta sig med dem även utan förmögenhet
but the good ladies were mistaken
men de goda damerna hade fel
their lovers abandoned them very quickly
deras älskare övergav dem mycket snabbt
because they had no fortunes any more
eftersom de inte hade några förmögenheter längre
this showed they were not actually well liked
detta visade att de faktiskt inte var omtyckta
everybody said they do not deserve to be pitied
alla sa att de inte förtjänar att få synd
"we are glad to see their pride humbled"
"vi är glada att se deras stolthet ödmjukad"
"let them be proud of milking cows"
"låt dem vara stolta över att mjölka kor"
but they were concerned for Beauty
men de var måna om skönhet
she was such a sweet creature
hon var en så söt varelse
she spoke so kindly to poor people
hon talade så vänligt till fattiga människor
and she was of such an innocent nature
och hon var av en sådan oskyldig natur
Several gentlemen would have married her
Flera herrar skulle ha gift sig med henne
they would have married her even though she was poor

de skulle ha gift sig med henne trots att hon var fattig
but she told them she couldn't marry them
men hon sa till dem att hon inte kunde gifta sig med dem
because she would not leave her father
för hon ville inte lämna sin far
she was determined to go with him to the countryside
hon var fast besluten att följa med honom till bygden
so that she could comfort and help him
så att hon kunde trösta och hjälpa honom
Poor Beauty was very grieved at first
Den stackars skönheten var först mycket bedrövad
she was grieved by the loss of her fortune
hon var bedrövad över förlusten av sin förmögenhet
"but crying won't change my fortunes"
"men att gråta kommer inte att förändra min förmögenhet"
"I must try to make myself happy without wealth"
"Jag måste försöka göra mig lycklig utan rikedom"
they came to their country house
de kom till sitt hus på landet
and the merchant and his three sons applied themselves to husbandry
och köpmannen och hans tre söner ägnade sig åt jordbruk
Beauty rose at four in the morning
skönheten steg vid fyra på morgonen
and she hurried to clean the house
och hon skyndade sig att städa huset
and she made sure dinner was ready
och hon såg till att middagen var klar
in the beginning she found her new life very difficult
i början tyckte hon att sitt nya liv var väldigt svårt
because she had not been used to such work
eftersom hon inte varit van vid sådant arbete
but in less than two months she grew stronger
men på mindre än två månader växte hon sig starkare
and she was healthier than ever before
och hon var friskare än någonsin tidigare

after she had done her work she read
efter att hon hade gjort sitt arbete läste hon
she played on the harpsichord
hon spelade på cembalo
or she sung whilst she spun silk
eller hon sjöng medan hon spann silke
on the contrary, her two sisters did not know how to spend their time
tvärtom, hennes två systrar visste inte hur de skulle spendera sin tid
they got up at ten and did nothing but laze about all day
de gick upp vid tio och gjorde inget annat än att lata sig hela dagen
they lamented the loss of their fine clothes
de beklagade förlusten av sina fina kläder
and they complained about losing their acquaintances
och de klagade över att förlora sina bekanta
"Have a look at our youngest sister," they said to each other
"Titta på vår yngsta syster", sa de till varandra
"what a poor and stupid creature she is"
"vilken stackars och dum varelse hon är"
"it is mean to be content with so little"
"det är elak att nöja sig med så lite"
the kind merchant was of quite a different opinion
den snälle köpmannen var av en helt annan åsikt
he knew very well that Beauty outshone her sisters
han visste mycket väl att skönheten överglänste hennes systrar
she outshone them in character as well as mind
hon överglänste dem i karaktär och sinne
he admired her humility and her hard work
han beundrade hennes ödmjukhet och hennes hårda arbete
but most of all he admired her patience
men mest av allt beundrade han hennes tålamod
her sisters left her all the work to do
hennes systrar lämnade henne allt arbete att göra
and they insulted her every moment

och de förolämpade henne varje ögonblick
The family had lived like this for about a year
Familjen hade levt så här i ungefär ett år
then the merchant got a letter from an accountant
då fick köpmannen ett brev från en revisor
he had an investment in a ship
han hade en investering i ett fartyg
and the ship had safely arrived
och fartyget hade anlänt säkert
this news turned the heads of the two eldest daughters
t hans nyheter vände huvudena på de två äldsta döttrarna
they immediately had hopes of returning to town
de hade genast förhoppningar om att återvända till stan
because they were quite weary of country life
eftersom de var ganska trötta på livet på landet
they went to their father as he was leaving
de gick till sin far när han skulle gå
they begged him to buy them new clothes
de bad honom köpa nya kläder till dem
dresses, ribbons, and all sorts of little things
klänningar, band och alla möjliga småsaker
but Beauty asked for nothing
men skönheten bad om ingenting
because she thought the money wasn't going to be enough
eftersom hon trodde att pengarna inte skulle räcka till
there wouldn't be enough to buy everything her sisters wanted
det skulle inte räcka för att köpa allt hennes systrar ville ha
"What would you like, Beauty?" asked her father
"Vad skulle du vilja, skönhet?" frågade hennes far
"thank you, father, for the goodness to think of me," she said
"tack, far, för godheten att tänka på mig", sa hon
"father, be so kind as to bring me a rose"
"far, var så snäll att ge mig en ros"
"because no roses grow here in the garden"
"för det växer inga rosor här i trädgården"

"and roses are a kind of rarity"
"och rosor är en sorts sällsynthet"
Beauty didn't really care for roses
skönhet brydde sig inte riktigt om rosor
she only asked for something not to condemn her sisters
hon bad bara om något för att inte döma sina systrar
but her sisters thought she asked for roses for other reasons
men hennes systrar trodde att hon bad om rosor av andra skäl
"she did it just to look particular"
"hon gjorde det bara för att se speciell ut"
The kind man went on his journey
Den snälle mannen gick sin resa
but when he arrived they argued about the merchandise
men när han kom dit bråkade de om varorna
and after a lot of trouble he came back as poor as before
och efter mycket besvär kom han tillbaka lika fattig som förut
he was within a couple of hours of his own house
han var inom ett par timmar från sitt eget hus
and he already imagined the joy of seeing his children
och han föreställde sig redan glädjen att se sina barn
but when going through forest he got lost
men när han gick genom skogen gick han vilse
it rained and snowed terribly
det regnade och snöade fruktansvärt
the wind was so strong it threw him off his horse
vinden var så stark att han kastades av hästen
and night was coming quickly
och natten kom snabbt
he began to think that he might starve
han började tänka att han kunde svälta
and he thought that he might freeze to death
och han tänkte att han kunde frysa ihjäl
and he thought wolves may eat him
och han trodde att vargar kunde äta honom
the wolves that he heard howling all round him
vargarna som han hörde yla runt omkring honom

but all of a sudden he saw a light
men helt plötsligt såg han ett ljus
he saw the light at a distance through the trees
han såg ljuset på avstånd genom träden
when he got closer he saw the light was a palace
när han kom närmare såg han att ljuset var ett palats
the palace was illuminated from top to bottom
palatset var upplyst från topp till botten
the merchant thanked God for his luck
köpmannen tackade Gud för hans lycka
and he hurried to the palace
och han skyndade till palatset
but he was surprised to see no people in the palace
men han blev förvånad över att inte se några människor i palatset
the court yard was completely empty
gårdsplanen var helt tom
and there was no sign of life anywhere
och det fanns inga tecken på liv någonstans
his horse followed him into the palace
hans häst följde honom in i palatset
and then his horse found large stable
och sedan hittade hans häst ett stort stall
the poor animal was almost famished
det stackars djuret var nästan hungrig
so his horse went in to find hay and oats
så hans häst gick in för att hitta hö och havre
fortunately he found plenty to eat
lyckligtvis hittade han mycket att äta
and the merchant tied his horse up to the manger
och köpmannen band sin häst vid krubban
walking towards the house he saw no one
när han gick mot huset såg han ingen
but in a large hall he found a good fire
men i en stor sal fann han en bra eld
and he found a table set for one

och han hittade ett dukat bord för en
he was wet from the rain and snow
han var blöt av regn och snö
so he went near the fire to dry himself
så han gick nära elden för att torka sig
"I hope the master of the house will excuse me"
"Jag hoppas att husets herre ursäktar mig"
"I suppose it won't take long for someone to appear"
"Jag antar att det inte tar lång tid för någon att dyka upp"
He waited a considerable time
Han väntade en lång tid
he waited until it struck eleven, and still nobody came
han väntade tills klockan slog elva, och ändå kom ingen
at last he was so hungry that he could wait no longer
äntligen var han så hungrig att han inte kunde vänta längre
he took some chicken and ate it in two mouthfuls
han tog lite kyckling och åt den i två munsbitar
he was trembling while eating the food
han darrade när han åt maten
after this he drank a few glasses of wine
efter detta drack han några glas vin
growing more courageous he went out of the hall
blev modigare och gick ut ur hallen
and he crossed through several grand halls
och han gick igenom flera stora salar
he walked through the palace until he came into a chamber
han gick genom palatset tills han kom in i en kammare
a chamber which had an exceeding good bed in it
en kammare som hade en synnerligen god säng i sig
he was very much fatigued from his ordeal
han var mycket trött efter sin prövning
and the time was already past midnight
och klockan var redan över midnatt
so he decided it was best to shut the door
så han bestämde sig för att det var bäst att stänga dörren
and he concluded he should go to bed

och han kom fram till att han borde gå och lägga sig
It was ten in the morning when the merchant woke up
Klockan var tio på morgonen när köpmannen vaknade
just as he was going to rise he saw something
precis när han skulle resa sig såg han något
he was astonished to see a clean set of clothes
han blev förvånad över att se en ren uppsättning kläder
in the place where he had left his dirty clothes
på den plats där han hade lämnat sina smutsiga kläder
"certainly this palace belongs to some kind fairy"
"visst tillhör det här palatset någon slags älva"
"a fairy who has seen and pitied me"
" en älva som har sett och tytt synd om mig"
he looked through a window
han tittade genom ett fönster
but instead of snow he saw the most delightful garden
men i stället för snö såg han den förtjusande trädgården
and in the garden were the most beautiful roses
och i trädgården fanns de vackraste rosor
he then returned to the great hall
han återvände sedan till den stora salen
the hall where he had had soup the night before
salen där han hade ätit soppa kvällen innan
and he found some chocolate on a little table
och han hittade lite choklad på ett litet bord
"Thank you, good Madam Fairy," he said aloud
"Tack, goda Madam Fairy", sa han högt
"thank you for being so caring"
"tack för att du är så omtänksam"
"I am extremely obliged to you for all your favours"
"Jag är oerhört tacksam mot dig för alla dina tjänster"
the kind man drank his chocolate
den snälle mannen drack sin choklad
and then he went to look for his horse
och så gick han för att leta efter sin häst
but in the garden he remembered Beauty's request

men i trädgården mindes han skönhetens begäran
and he cut off a branch of roses
och han högg av en gren av rosor
immediately he heard a great noise
genast hörde han ett stort ljud
and he saw a terribly frightful Beast
och han såg ett fruktansvärt fruktansvärt odjur
he was so scared that he was ready to faint
han var så rädd att han var redo att svimma
"You are very ungrateful," said the Beast to him
"Du är mycket otacksam", sa odjuret till honom
and the Beast spoke in a terrible voice
och vilddjuret talade med en fruktansvärd röst
"I have saved your life by allowing you into my castle"
"Jag har räddat ditt liv genom att släppa in dig i mitt slott"
"and for this you steal my roses in return?"
"och för detta stjäl du mina rosor i gengäld?"
"The roses which I value beyond anything"
"Rosorna som jag värdesätter över allt"
"but you shall die for what you've done"
"men du ska dö för vad du har gjort"
"I give you but a quarter of an hour to prepare yourself"
"Jag ger dig bara en kvart att förbereda dig"
"get yourself ready for death and say your prayers"
"gör dig redo för döden och säg dina böner"
the merchant fell on his knees
köpmannen föll på knä
and he lifted up both his hands
och han lyfte upp båda sina händer
"My lord, I beseech you to forgive me"
"Min herre, jag ber dig att förlåta mig"
"I had no intention of offending you"
"Jag hade inte för avsikt att förolämpa dig"
"I gathered a rose for one of my daughters"
"Jag samlade en ros till en av mina döttrar"
"she asked me to bring her a rose"

"hon bad mig ge henne en ros"
"I am not your lord, but I am a Beast," replied the monster
"Jag är inte din herre, men jag är ett odjur", svarade monstret
"I don't love compliments"
"Jag älskar inte komplimanger"
"I like people who speak as they think"
"Jag gillar folk som pratar som de tycker"
"do not imagine I can be moved by flattery"
"föreställ mig inte att jag kan bli rörd av smicker"
"But you say you have got daughters"
"Men du säger att du har döttrar"
"I will forgive you on one condition"
"Jag kommer att förlåta dig på ett villkor"
"one of your daughters must come to my palace willingly"
"en av dina döttrar måste gärna komma till mitt palats"
"and she must suffer for you"
"och hon måste lida för dig"
"Let me have your word"
"Låt mig få ditt ord"
"and then you can go about your business"
"och då kan du gå på din affär"
"Promise me this:"
"Lova mig detta:"
"if your daughter refuses to die for you, you must return within three months"
"om din dotter vägrar att dö för dig måste du återvända inom tre månader"
the merchant had no intentions to sacrifice his daughters
köpmannen hade inga avsikter att offra sina döttrar
but, since he was given time, he wanted to see his daughters once more
men eftersom han fick tid, ville han åter träffa sina döttrar
so he promised he would return
så han lovade att han skulle återvända
and the Beast told him he might set out when he pleased
och vilddjuret sade till honom att han kunde ge sig av när han

ville
and the Beast told him one more thing
och odjuret berättade en sak till för honom
"you shall not depart empty handed"
"du ska inte gå tomhänt"
"go back to the room where you lay"
"gå tillbaka till rummet där du låg"
"you will see a great empty treasure chest"
"du kommer att se en stor tom skattkista"
"fill the treasure chest with whatever you like best"
"fyll skattkistan med det du tycker bäst om"
"and I will send the treasure chest to your home"
"och jag ska skicka skattkistan till ditt hem"
and at the same time the Beast withdrew
och samtidigt drog sig odjuret tillbaka
"Well," said the good man to himself
"Jaha", sa den gode mannen för sig själv
"if I must die, I shall at least leave something to my children"
"om jag måste dö ska jag åtminstone lämna något till mina barn"
so he returned to the bedchamber
så han gick tillbaka till sängkammaren
and he found a great many pieces of gold
och han fann en hel del guldstycken
he filled the treasure chest the Beast had mentioned
han fyllde skattkistan som besten hade nämnt
and he took his horse out of the stable
och han tog sin häst ur stallet
the joy he felt when entering the palace was now equal to the grief he felt leaving it
glädjen han kände när han gick in i palatset var nu lika med den sorg han kände när han lämnade det
the horse took one of the roads of the forest
hästen tog en av skogens vägar
and in a few hours the good man was home

och om några timmar var den gode mannen hemma
his children came to him
hans barn kom till honom
but instead of receiving their embraces with pleasure, he looked at them
men i stället för att ta emot deras omfamningar med nöje, såg han på dem
he held up the branch he had in his hands
han höll upp grenen han hade i händerna
and then he burst into tears
och sedan brast han i gråt
"Beauty," he said, "please take these roses"
"skönhet," sa han, "snälla ta dessa rosor"
"you can't know how costly these roses have been"
"du kan inte veta hur dyra de här rosorna har varit"
"these roses have cost your father his life"
"dessa rosor har kostat din far livet"
and then he told of his fatal adventure
och så berättade han om sitt ödesdigra äventyr
immediately the two eldest sisters cried out
genast ropade de två äldsta systrarna
and they said many mean things to their beautiful sister
och de sa många elaka saker till sin vackra syster
but Beauty did not cry at all
men skönheten grät inte alls
"Look at the pride of that little wretch," said they
"Titta på den där lilla stackarens stolthet", sa de
"she did not ask for fine clothes"
"hon bad inte om fina kläder"
"she should have done what we did"
"hon borde ha gjort som vi gjorde"
"she wanted to distinguish herself"
"hon ville utmärka sig"
"so now she will be the death of our father"
"så nu blir hon vår fars död"
"and yet she does not shed a tear"

"och ändå fäller hon inte en tår"
"Why should I cry?" answered Beauty
"Varför skulle jag gråta?" svarade skönhet
"crying would be very needless"
"det skulle vara väldigt onödigt att gråta"
"my father will not suffer for me"
"min far kommer inte att lida för mig"
"the monster will accept of one of his daughters"
"monstret kommer att acceptera en av sina döttrar"
"I will offer myself up to all his fury"
"Jag kommer att offra mig till all hans vrede"
"I am very happy, because my death will save my father's life"
"Jag är väldigt glad, för min död kommer att rädda min fars liv"
"my death will be a proof of my love"
"min död kommer att vara ett bevis på min kärlek"
"No, sister," said her three brothers
"Nej, syster", sa hennes tre bröder
"that shall not be"
"det ska inte vara"
"we will go find the monster"
"vi ska gå och hitta monstret"
"and either we will kill him..."
"och antingen dödar vi honom..."
"... or we will perish in the attempt"
"... annars kommer vi att gå under i försöket"
"Do not imagine any such thing, my sons," said the merchant
"Förställ dig inte något sådant, mina söner," sade köpmannen
"the Beast's power is so great that I have no hope you could overcome him"
"odjurets kraft är så stor att jag inte har något hopp om att du skulle kunna övervinna honom"
"I am charmed with Beauty's kind and generous offer"
"Jag är charmad av skönhetens vänliga och generösa erbjudande"

"but I cannot accept to her generosity"
"men jag kan inte acceptera hennes generositet"
"I am old, and I don't have long to live"
"Jag är gammal och jag har inte länge kvar att leva"
"so I can only loose a few years"
"så jag kan bara förlora några år"
"time which I regret for you, my dear children"
"tid som jag ångrar för er skull, mina kära barn"
"But father," said Beauty
"Men far," sa skönheten
"you shall not go to the palace without me"
"du ska inte gå till palatset utan mig"
"you cannot stop me from following you"
"du kan inte hindra mig från att följa dig"
nothing could convince Beauty otherwise
ingenting kunde övertyga skönhet annars
she insisted on going to the fine palace
hon insisterade på att gå till det fina palatset
and her sisters were delighted at her insistence
och hennes systrar var förtjusta över hennes insisterande
The merchant was worried at the thought of losing his daughter
Köpmannen var orolig vid tanken på att förlora sin dotter
he was so worried that he had forgotten about the chest full of gold
han var så orolig att han hade glömt kistan full av guld
at night he retired to rest, and he shut his chamber door
på natten drog han sig tillbaka för att vila, och han stängde sin kammardörr
then, to his great astonishment, he found the treasure by his bedside
då fann han till sin stora förvåning skatten vid sin säng
he was determined not to tell his children
han var fast besluten att inte berätta för sina barn
if they knew, they would have wanted to return to town
om de visste det, skulle de ha velat återvända till stan

and he was resolved not to leave the countryside
och han var fast besluten att inte lämna bygden
but he trusted Beauty with the secret
men han litade på skönheten med hemligheten
she informed him that two gentlemen had came
hon meddelade honom att två herrar hade kommit
and they made proposals to her sisters
och de föreslog hennes systrar
she begged her father to consent to their marriage
hon bad sin far att samtycka till deras äktenskap
and she asked him to give them some of his fortune
och hon bad honom att ge dem en del av hans förmögenhet
she had already forgiven them
hon hade redan förlåtit dem
the wicked creatures rubbed their eyes with onions
de onda varelserna gnuggade sina ögon med lök
to force some tears when they parted with their sister
att tvinga fram några tårar när de skildes åt sin syster
but her brothers really were concerned
men hennes bröder var verkligen oroliga
Beauty was the only one who did not shed any tears
skönheten var den enda som inte fällde några tårar
she did not want to increase their uneasiness
hon ville inte öka deras oro
the horse took the direct road to the palace
hästen tog den direkta vägen till palatset
and towards evening they saw the illuminated palace
och mot kvällen såg de det upplysta palatset
the horse took himself into the stable again
hästen tog sig in i stallet igen
and the good man and his daughter went into the great hall
och den gode mannen och hans dotter gick in i den stora salen
here they found a table splendidly served up
här fann de ett utmärkt uppdukat bord
the merchant had no appetite to eat
köpmannen hade ingen aptit att äta

but Beauty endeavoured to appear cheerful
men skönheten strävade efter att framstå som gladlynt
she sat down at the table and helped her father
hon satte sig vid bordet och hjälpte sin far
but she also thought to herself:
men hon tänkte också för sig själv:
"Beast surely wants to fatten me before he eats me"
"odjuret vill verkligen göda mig innan han äter upp mig"
"that is why he provides such plentiful entertainment"
"det är därför han ger så riklig underhållning"
after they had eaten they heard a great noise
efter att de hade ätit hörde de ett stort ljud
and the merchant bid his unfortunate child farewell, with tears in his eyes
och köpmannen tog farväl av sitt olyckliga barn med tårar i ögonen
because he knew the Beast was coming
för han visste att odjuret skulle komma
Beauty was terrified at his horrid form
skönheten var livrädd för hans hemska form
but she took courage as well as she could
men hon tog mod till sig så gott hon kunde
and the monster asked her if she came willingly
och monstret frågade henne om hon kom villigt
"yes, I have come willingly," she said trembling
"ja, jag har kommit villigt", sa hon darrande
the Beast responded, "You are very good"
odjuret svarade, "Du är väldigt bra"
"and I am greatly obliged to you; honest man"
"och jag är mycket tacksam mot dig, ärlig man"
"go your ways tomorrow morning"
"gå din väg i morgon bitti"
"but never think of coming here again"
"men tänk aldrig på att komma hit igen"
"Farewell Beauty, farewell Beast," he answered
"Farväl skönhet, farväl best", svarade han

and immediately the monster withdrew
och genast drog sig monstret tillbaka
"Oh, daughter," said the merchant
"Åh, dotter", sa köpmannen
and he embraced his daughter once more
och han omfamnade sin dotter ännu en gång
"I am almost frightened to death"
"Jag är nästan livrädd"
"believe me, you had better go back"
"tro mig, du borde gå tillbaka"
"let me stay here, instead of you"
"låt mig stanna här istället för dig"
"No, father," said Beauty, in a resolute tone
"Nej, far," sa skönheten i en beslutsam ton
"you shall set out tomorrow morning"
"du ska ge dig av i morgon bitti"
"leave me to the care and protection of providence"
"överlåt mig åt försynens vård och skydd"
nonetheless they went to bed
ändå gick de och la sig
they thought they would not close their eyes all night
de trodde att de inte skulle blunda på hela natten
but just as they lay down they slept
men just när de låg ner sov de
Beauty dreamed a fine lady came and said to her:
skönheten drömde att en fin dam kom och sa till henne:
"I am content, Beauty, with your good will"
"Jag är nöjd, skönhet, med din goda vilja"
"this good action of yours shall not go unrewarded"
"denna goda handling av dig ska inte gå obelönad"
Beauty waked and told her father her dream
skönhet vaknade och berättade för sin far sin dröm
the dream helped to comfort him a little
drömmen hjälpte till att trösta honom lite
but he could not help crying bitterly as he was leaving
men han kunde inte låta bli att gråta bittert när han gick

as soon as he was gone, Beauty sat down in the great hall and cried too
så snart han var borta, satte sig skönheten i den stora salen och grät också
but she resolved not to be uneasy
men hon bestämde sig för att inte vara orolig
she decided to be strong for the little time she had left to live
hon bestämde sig för att vara stark under den lilla tid hon hade kvar att leva
because she firmly believed the Beast would eat her
för hon trodde bestämt att odjuret skulle äta upp henne
however, she thought she might as well explore the palace
hon tänkte dock att hon lika gärna kunde utforska palatset
and she wanted to view the fine castle
och hon ville se det fina slottet
a castle which she could not help admiring
ett slott som hon inte kunde låta bli att beundra
it was a delightfully pleasant palace
det var ett förtjusande trevligt palats
and she was extremely surprised at seeing a door
och hon blev oerhört förvånad över att se en dörr
and over the door was written that it was her room
och över dörren stod det skrivet att det var hennes rum
she opened the door hastily
hon öppnade hastigt dörren
and she was quite dazzled with the magnificence of the room
och hon var alldeles bländad av rummets prakt
what chiefly took up her attention was a large library
det som främst upptog hennes uppmärksamhet var ett stort bibliotek
a harpsichord and several music books
ett cembalo och flera notböcker
"Well," said she to herself
"Jaha", sa hon för sig själv
"I see the Beast will not let my time hang heavy"

"Jag ser att odjuret inte låter min tid hänga tung"
then she reflected to herself about her situation
sedan reflekterade hon för sig själv över sin situation
"If I was meant to stay a day all this would not be here"
"Om det var meningen att jag skulle stanna en dag skulle allt detta inte vara här"
this consideration inspired her with fresh courage
denna omtanke inspirerade henne med nytt mod
and she took a book from her new library
och hon tog en bok från sitt nya bibliotek
and she read these words in golden letters:
och hon läste dessa ord med gyllene bokstäver:
"Welcome Beauty, banish fear"
"Välkommen skönhet, förvisa rädsla"
"You are queen and mistress here"
"Du är drottning och älskarinna här"
"Speak your wishes, speak your will"
"Säg dina önskemål, tala din vilja"
"Swift obedience meets your wishes here"
"Snabb lydnad uppfyller dina önskemål här"
"Alas," said she, with a sigh
"Ack", sa hon med en suck
"Most of all I wish to see my poor father"
"Mest av allt vill jag se min stackars far"
"and I would like to know what he is doing"
"och jag skulle vilja veta vad han gör"
As soon as she had said this she noticed the mirror
Så fort hon hade sagt detta lade hon märke till spegeln
to her great amazement she saw her own home in the mirror
till sin stora förvåning såg hon sitt eget hem i spegeln
her father arrived emotionally exhausted
hennes pappa kom känslomässigt utmattad
her sisters went to meet him
hennes systrar gick honom till mötes
despite their attempts to appear sorrowful, their joy was visible

trots deras försök att framstå som sorgsna var deras glädje
synlig
a moment later everything disappeared
en stund senare försvann allt
and Beauty's apprehensions disappeared too
och skönhetens farhågor försvann också
for she knew she could trust the Beast
för hon visste att hon kunde lita på odjuret
At noon she found dinner ready
Vid middagstid hittade hon middagen klar
she sat herself down at the table
hon satte sig vid bordet
and she was entertained with a concert of music
och hon underhölls med en musikkonsert
although she couldn't see anybody
även om hon inte kunde se någon
at night she sat down for supper again
på natten satte hon sig för kvällsmat igen
this time she heard the noise the Beast made
den här gången hörde hon det oväsen som besten gjorde
and she could not help being terrified
och hon kunde inte låta bli att bli livrädd
"Beauty," said the monster
"skönhet", sa monstret
"do you allow me to eat with you?"
"Låter du mig äta med dig?"
"do as you please," Beauty answered trembling
"gör som du vill," svarade skönheten darrande
"No," replied the Beast
"Nej", svarade besten
"you alone are mistress here"
"du ensam är älskarinna här"
"you can send me away if I'm troublesome"
"du kan skicka iväg mig om jag är jobbig"
"send me away and I will immediately withdraw"
"skicka iväg mig så drar jag mig omedelbart"

"But, tell me; do you not think I am very ugly?"
"Men säg mig, tycker du inte att jag är väldigt ful?"
"That is true," said Beauty
"Det är sant", sa skönheten
"I cannot tell a lie"
"Jag kan inte ljuga"
"but I believe you are very good natured"
"men jag tror att du är väldigt godmodig"
"I am indeed," said the monster
"Det är jag verkligen", sa monstret
"But apart from my ugliness, I also have no sense"
"Men bortsett från min fulhet har jag heller inget vett"
"I know very well that I am a silly creature"
"Jag vet mycket väl att jag är en fånig varelse"
"It is no sign of folly to think so," replied Beauty
"Det är inget tecken på dårskap att tänka så," svarade skönheten
"Eat then, Beauty," said the monster
"Ät då, skönhet", sa monstret
"try to amuse yourself in your palace"
"försök att roa dig i ditt palats"
"everything here is yours"
"allt här är ditt"
"and I would be very uneasy if you were not happy"
"och jag skulle vara väldigt orolig om du inte var nöjd"
"You are very obliging," answered Beauty
"Du är mycket tillmötesgående," svarade skönhet
"I admit I am pleased with your kindness"
"Jag erkänner att jag är nöjd med din vänlighet"
"and when I consider your kindness, I hardly notice your deformities"
"och när jag tänker på din vänlighet märker jag knappt dina missbildningar"
"Yes, yes," said the Beast, "my heart is good
"Ja, ja," sa besten, "mitt hjärta är gott
"but although I am good, I am still a monster"

"men även om jag är bra är jag fortfarande ett monster"
"There are many men that deserve that name more than you"
"Det finns många män som förtjänar det namnet mer än du"
"and I prefer you just as you are"
"och jag föredrar dig precis som du är"
"and I prefer you more than those who hide an ungrateful heart"
"och jag föredrar dig mer än de som döljer ett otacksamt hjärta"
"if only I had some sense," replied the Beast
"om jag bara hade något vett", svarade besten
"if I had sense I would make a fine compliment to thank you"
"om jag hade förnuft skulle jag ge en bra komplimang för att tacka dig"
"but I am so dull"
"men jag är så tråkig"
"I can only say I am greatly obliged to you"
"Jag kan bara säga att jag är mycket tacksam mot dig"
Beauty ate a hearty supper
skönhet åt en rejäl middag
and she had almost conquered her dread of the monster
och hon hade nästan övervunnit sin fruktan för monstret
but she wanted to faint when the Beast asked her the next question
men hon ville svimma när besten ställde nästa fråga till henne
"Beauty, will you be my wife?"
"skönhet, kommer du att bli min fru?"
she took some time before she could answer
hon tog lite tid innan hon kunde svara
because she was afraid of making him angry
eftersom hon var rädd för att göra honom arg
at last, however, she said "no, Beast"
Men till slut sa hon "nej, odjuret"
immediately the poor monster hissed very frightfully
genast väste det stackars monstret mycket skrämmande

and the whole palace echoed
och hela palatset ekade
but Beauty soon recovered from her fright
men skönheten återhämtade sig snart från sin skräck
because Beast spoke again in a mournful voice
för odjuret talade igen med sorgsen röst
"then farewell, Beauty"
"sedan farväl, skönhet"
and he only turned back now and then
och han vände bara tillbaka då och då
to look at her as he went out
att titta på henne när han gick ut
now Beauty was alone again
nu var skönheten ensam igen
she felt a great deal of compassion
hon kände en stor medkänsla
"Alas, it is a thousand pities"
"Ack, det är tusen synd"
"anything so good natured should not be so ugly"
"allt så godmodigt ska inte vara så fult"
Beauty spent three months very contentedly in the palace
skönhet tillbringade tre månader mycket nöjd i palatset
every evening the Beast paid her a visit
varje kväll besökte odjuret henne
and they talked during supper
och de pratade under kvällsmaten
they talked with common sense
de pratade med sunt förnuft
but they didn't talk with what people call wittiness
men de pratade inte med vad folk kallar vittighet
Beauty always discovered some valuable character in the Beast
skönhet har alltid upptäckt någon värdefull karaktär i besten
and she had gotten used to his deformity
och hon hade vant sig vid hans missbildning
she didn't dread the time of his visit anymore

hon fruktade inte längre tiden för hans besök
now she often looked at her watch
nu tittade hon ofta på klockan
and she couldn't wait for it to be nine o'clock
och hon kunde inte vänta på att klockan skulle bli nio
because the Beast never missed coming at that hour
för odjuret missade aldrig att komma vid den tiden
there was only one thing that concerned Beauty
det var bara en sak som gällde skönhet
every night before she went to bed the Beast asked her the same question
varje kväll innan hon gick och la sig ställde odjuret samma fråga till henne
the monster asked her if she would be his wife
monstret frågade henne om hon skulle vara hans fru
one day she said to him, "Beast, you make me very uneasy"
en dag sa hon till honom, "odjur, du gör mig väldigt orolig"
"I wish I could consent to marry you"
"Jag önskar att jag kunde samtycka till att gifta mig med dig"
"but I am too sincere to make you believe I would marry you"
"men jag är för uppriktig för att få dig att tro att jag skulle gifta mig med dig"
"our marriage will never happen"
"vårt äktenskap kommer aldrig att hända"
"I shall always see you as a friend"
"Jag kommer alltid att se dig som en vän"
"please try to be satisfied with this"
"snälla försök att vara nöjd med detta"
"I must be satisfied with this," said the Beast
"Jag måste vara nöjd med det här," sade besten
"I know my own misfortune"
"Jag vet min egen olycka"
"but I love you with the tenderest affection"
"men jag älskar dig med den ömmaste tillgivenhet"
"However, I ought to consider myself as happy"

"Men jag borde se mig själv som lycklig"
"and I should be happy that you will stay here"
"och jag borde vara glad att du stannar här"
"promise me never to leave me"
"lova mig att aldrig lämna mig"
Beauty blushed at these words
skönheten rodnade vid dessa ord
one day Beauty was looking in her mirror
en dag tittade skönheten i sin spegel
her father had worried himself sick for her
hennes far hade oroat sig sjuk för hennes skull
she longed to see him again more than ever
hon längtade mer än någonsin efter att få träffa honom igen
"I could promise never to leave you entirely"
"Jag kunde lova att aldrig lämna dig helt"
"but I have so great a desire to see my father"
"men jag har så stor lust att träffa min pappa"
"I would be impossibly upset if you say no"
"Jag skulle bli omöjligt upprörd om du säger nej"
"I had rather die myself," said the monster
"Jag hade hellre dött själv", sa monstret
"I would rather die than make you feel uneasiness"
"Jag skulle hellre dö än att få dig att känna oro"
"I will send you to your father"
"Jag skickar dig till din far"
"you shall remain with him"
"du ska stanna hos honom"
"and this unfortunate Beast will die with grief instead"
"och detta olyckliga odjur kommer att dö av sorg istället"
"No," said Beauty, weeping
"Nej", sa skönheten och grät
"I love you too much to be the cause of your death"
"Jag älskar dig för mycket för att vara orsaken till din död"
"I give you my promise to return in a week"
"Jag lovar dig att återvända om en vecka"
"You have shown me that my sisters are married"

"Du har visat mig att mina systrar är gifta"
"and my brothers have gone to the army"
"och mina bröder har gått till armén"
"let me stay a week with my father, as he is alone"
"låt mig stanna en vecka hos min far, eftersom han är ensam"
"You shall be there tomorrow morning," said the Beast
"Du ska vara där i morgon bitti," sa odjuret
"but remember your promise"
"men kom ihåg ditt löfte"
"You need only lay your ring on a table before you go to bed"
"Du behöver bara lägga din ring på ett bord innan du går och lägger dig"
"and then you will be brought back before the morning"
"och då kommer du att hämtas tillbaka innan morgonen"
"Farewell dear Beauty," sighed the Beast
"Farväl kära skönhet", suckade besten
Beauty went to bed very sad that night
skönhet gick till sängs väldigt ledsen den kvällen
because she didn't want to see Beast so worried
för hon ville inte se besten så orolig
the next morning she found herself at her father's home
nästa morgon befann hon sig hemma hos sin far
she rung a little bell by her bedside
hon ringde en liten klocka vid sin säng
and the maid gave a loud shriek
och pigan gav ett högt skrik
and her father ran upstairs
och hennes far sprang uppför trappan
he thought he was going to die with joy
han trodde att han skulle dö av glädje
he held her in his arms for quarter of an hour
han höll henne i sina armar i en kvart
eventually the first greetings were over
så småningom var de första hälsningarna över
Beauty began to think of getting out of bed

skönhet började tänka på att gå upp ur sängen
but she realized she had brought no clothes
men hon insåg att hon inte hade tagit med sig några kläder
but the maid told her she had found a box
men pigan berättade att hon hade hittat en låda
the large trunk was full of gowns and dresses
den stora bagageluckan var full av klänningar och klänningar
each gown was covered with gold and diamonds
varje klänning var täckt med guld och diamanter
Beauty thanked Beast for his kind care
skönheten tackade best för hans vänliga omsorg
and she took one of the plainest of the dresses
och hon tog en av de enklaste klänningarna
she intended to give the other dresses to her sisters
hon tänkte ge de andra klänningarna till sina systrar
but at that thought the chest of clothes disappeared
men vid den tanken försvann kläderna
Beast had insisted the clothes were for her only
Beast hade insisterat på att kläderna bara var för henne
her father told her that this was the case
hennes far sa till henne att så var fallet
and immediately the trunk of clothes came back again
och genast kom klädstammen tillbaka igen
Beauty dressed herself with her new clothes
skönheten klädde sig själv med sina nya kläder
and in the meantime maids went to find her sisters
och under tiden gick pigor för att hitta sina systrar
both her sister were with their husbands
båda hennes syster var med sina män
but both her sisters were very unhappy
men båda hennes systrar var mycket olyckliga
her eldest sister had married a very handsome gentleman
hennes äldsta syster hade gift sig med en mycket stilig herre
but he was so fond of himself that he neglected his wife
men han var så förtjust i sig själv att han försummade sin hustru

her second sister had married a witty man
hennes andra syster hade gift sig med en kvick man
but he used his wittiness to torment people
men han använde sin vittighet för att plåga människor
and he tormented his wife most of all
och han plågade sin hustru mest av allt
Beauty's sisters saw her dressed like a princess
skönhetens systrar såg henne klädd som en prinsessa
and they were sickened with envy
och de blev sjuka av avund
now she was more beautiful than ever
nu var hon vackrare än någonsin
her affectionate behaviour could not stifle their jealousy
hennes tillgivna beteende kunde inte kväva deras svartsjuka
she told them how happy she was with the Beast
hon berättade för dem hur glad hon var med odjuret
and their jealousy was ready to burst
och deras svartsjuka var redo att brista
They went down into the garden to cry about their misfortune
De gick ner i trädgården för att gråta över sin olycka
"In what way is this little creature better than us?"
"På vilket sätt är denna lilla varelse bättre än oss?"
"Why should she be so much happier?"
"Varför skulle hon vara så mycket gladare?"
"Sister," said the older sister
"Syster", sa storasystern
"a thought just struck my mind"
"en tanke slog mig just"
"let us try to keep her here for more than a week"
"låt oss försöka hålla henne här i mer än en vecka"
"perhaps this will enrage the silly monster"
"det här kanske kommer att göra det fåniga monstret rasande"
"because she would have broken her word"
"för att hon skulle ha brutit sitt ord"
"and then he might devour her"

"och då kanske han slukar henne"
"that's a great idea," answered the other sister
"det är en bra idé", svarade den andra systern
"we must show her as much kindness as possible"
"vi måste visa henne så mycket vänlighet som möjligt"
the sisters made this their resolution
systrarna gjorde detta till sitt beslut
and they behaved very affectionately to their sister
och de uppträdde mycket tillgiven mot sin syster
poor Beauty wept for joy from all their kindness
stackars skönhet grät av glädje av all deras vänlighet
when the week was expired, they cried and tore their hair
när veckan var slut grät de och slet sig i håret
they seemed so sorry to part with her
de verkade så ledsna över att skiljas från henne
and Beauty promised to stay a week longer
och skönhet lovade att stanna en vecka längre
In the meantime, Beauty could not help reflecting on herself
Under tiden kunde skönhet inte låta bli att reflektera över sig själv
she worried what she was doing to poor Beast
hon oroade sig för vad hon gjorde mot stackars best
she know that she sincerely loved him
hon vet att hon uppriktigt älskade honom
and she really longed to see him again
och hon längtade verkligen efter att få träffa honom igen
the tenth night she spent at her father's too
den tionde natten tillbringade hon också hos sin far
she dreamed she was in the palace garden
hon drömde att hon var i slottsträdgården
and she dreamt she saw the Beast extended on the grass
och hon drömde att hon såg vilddjuret utsträckt på gräset
he seemed to reproach her in a dying voice
han tycktes förebrå henne med döende röst
and he accused her of ingratitude
och han anklagade henne för otacksamhet

Beauty woke up from her sleep
skönhet vaknade ur sin sömn
and she burst into tears
och hon brast ut i gråt
"Am I not very wicked?"
"Är jag inte särskilt elak?"
"Was it not cruel of me to act so unkindly to the Beast?"
"Var det inte grymt av mig att agera så ovänligt mot odjuret?"
"Beast did everything to please me"
"beast gjorde allt för att behaga mig"
"Is it his fault that he is so ugly?"
"Är det hans fel att han är så ful?"
"Is it his fault that he has so little wit?"
"Är det hans fel att han har så lite vett?"
"He is kind and good, and that is sufficient"
"Han är snäll och bra, och det räcker"
"Why did I refuse to marry him?"
"Varför vägrade jag att gifta mig med honom?"
"I should be happy with the monster"
"Jag borde vara nöjd med monstret"
"look at the husbands of my sisters"
"titta på mina systrars män"
"neither wittiness, nor a being handsome makes them good"
"varken vittighet eller vacker varelse gör dem goda"
"neither of their husbands makes them happy"
"ingen av deras män gör dem lyckliga"
"but virtue, sweetness of temper, and patience"
"men dygd, humörs sötma och tålamod"
"these things make a woman happy"
"dessa saker gör en kvinna lycklig"
"and the Beast has all these valuable qualities"
"och odjuret har alla dessa värdefulla egenskaper"
"it is true; I do not feel the tenderness of affection for him"
"det är sant; jag känner inte ömheten av tillgivenhet för honom"
"but I find I have the highest gratitude for him"

"men jag tycker att jag har den största tacksamheten för honom"
"and I have the highest esteem of him"
"och jag har den högsta aktning av honom"
"and he is my best friend"
"och han är min bästa vän"
"I will not make him miserable"
"Jag kommer inte att göra honom olycklig"
"If were I to be so ungrateful I would never forgive myself"
"Om jag skulle vara så otacksam skulle jag aldrig förlåta mig själv"
Beauty put her ring on the table
skönhet satte sin ring på bordet
and she went to bed again
och hon gick och la sig igen
scarce was she in bed before she fell asleep
knappt var hon i sängen innan hon somnade
she woke up again the next morning
hon vaknade igen nästa morgon
and she was overjoyed to find herself in the Beast's palace
och hon var överlycklig över att befinna sig i vilddjurets palats
she put on one of her nicest dress to please him
hon tog på sig en av sina snyggaste klänningar för att göra honom nöjd
and she patiently waited for evening
och hon väntade tålmodigt på kvällen
at last the wished-for hour came
kom den önskade timmen
the clock struck nine, yet no Beast appeared
klockan slog nio, men inget odjur dök upp
Beauty then feared she had been the cause of his death
skönhet fruktade då att hon hade varit orsaken till hans död
she ran crying all around the palace
hon sprang gråtande runt hela palatset
after having sought for him everywhere, she remembered her dream

efter att ha sökt honom överallt kom hon ihåg sin dröm
and she ran to the canal in the garden
och hon sprang till kanalen i trädgården
there she found poor Beast stretched out
där fann hon stackars best utsträckt
and she was sure she had killed him
och hon var säker på att hon hade dödat honom
she threw herself upon him without any dread
hon kastade sig över honom utan någon rädsla
his heart was still beating
hans hjärta slog fortfarande
she fetched some water from the canal
hon hämtade lite vatten från kanalen
and she poured the water on his head
och hon hällde vattnet över hans huvud
the Beast opened his eyes and spoke to Beauty
odjuret öppnade sina ögon och talade till skönheten
"You forgot your promise"
"Du glömde ditt löfte"
"I was so heartbroken to have lost you"
"Jag var så hjärtbruten att ha förlorat dig"
"I resolved to starve myself"
"Jag bestämde mig för att svälta mig själv"
"but I have the happiness of seeing you once more"
"men jag har lyckan att se dig en gång till"
"so I have the pleasure of dying satisfied"
"så jag har nöjet att dö nöjd"
"No, dear Beast," said Beauty, "you must not die"
"Nej, kära best," sa skönheten, "du får inte dö"
"Live to be my husband"
"Lev för att vara min man"
"from this moment I give you my hand"
"från detta ögonblick ger jag dig min hand"
"and I swear to be none but yours"
"och jag svär att vara någon annan än din"
"Alas! I thought I had only a friendship for you"

"Ack! Jag trodde att jag bara hade en vänskap för dig"
"but the grief I now feel convinces me;"
"men den sorg jag nu känner övertygar mig;
"I cannot live without you"
"Jag kan inte leva utan dig"
Beauty scarce had said these words when she saw a light
skönhet hade knappt sagt dessa ord när hon såg ett ljus
the palace sparkled with light
palatset glittrade av ljus
fireworks lit up the sky
fyrverkerier lyste upp himlen
and the air filled with music
och luften fylld av musik
everything gave notice of some great event
allt gav besked om någon stor händelse
but nothing could hold her attention
men ingenting kunde hålla hennes uppmärksamhet
she turned to her dear Beast
hon vände sig till sitt kära odjur
the Beast for whom she trembled with fear
odjuret för vilket hon darrade av rädsla
but her surprise was great at what she saw!
men hennes förvåning var stor över vad hon såg!
the Beast had disappeared
odjuret hade försvunnit
instead she saw the loveliest prince
istället såg hon den vackraste prinsen
she had put an end to the spell
hon hade satt stopp för besvärjelsen
a spell under which he resembled a Beast
en besvärjelse under vilken han liknade ett odjur
this prince was worthy of all her attention
denna prins var värd all hennes uppmärksamhet
but she could not help but ask where the Beast was
men hon kunde inte låta bli att fråga var odjuret var
"You see him at your feet," said the prince

"Du ser honom vid dina fötter", sa prinsen
"A wicked fairy had condemned me"
"En elak älva hade fördömt mig"
"I was to remain in that shape until a beautiful princess agreed to marry me"
"Jag skulle förbli i den formen tills en vacker prinsessa gick med på att gifta sig med mig"
"the fairy hid my understanding"
"fen gömde mitt förstånd"
"you were the only one generous enough to be charmed by the goodness of my temper"
"du var den enda generös nog att charmas av mitt humörs godhet"
Beauty was happily surprised
skönhet blev glatt överraskad
and she gave the charming prince her hand
och hon gav den charmiga prinsen sin hand
they went together into the castle
de gick tillsammans in i slottet
and Beauty was overjoyed to find her father in the castle
och skönheten var överlycklig över att hitta sin far i slottet
and her whole family were there too
och hela hennes familj var där också
even the beautiful lady that appeared in her dream was there
även den vackra damen som dök upp i hennes dröm var där
"Beauty," said the lady from the dream
"skönhet", sa damen från drömmen
"come and receive your reward"
"kom och ta emot din belöning"
"you have preferred virtue over wit or looks"
"du har föredragit dygd framför kvickhet eller utseende"
"and you deserve someone in whom these qualities are united"
"och du förtjänar någon i vilken dessa egenskaper är förenade"
"you are going to be a great queen"
"du kommer att bli en stor drottning"

"I hope the throne will not lessen your virtue"
"Jag hoppas att tronen inte kommer att minska din dygd"
then the fairy turned to the two sisters
sedan vände sig älvan till de två systrarna
"I have seen inside your hearts"
"Jag har sett inuti era hjärtan"
"and I know all the malice your hearts contain"
"och jag vet all ondska som dina hjärtan innehåller"
"you two will become statues"
"ni två kommer att bli statyer"
"but you will keep your minds"
"men du kommer att hålla dina sinnen"
"you shall stand at the gates of your sister's palace"
"du ska stå vid portarna till din systers palats"
"your sister's happiness shall be your punishment"
"din systers lycka ska vara ditt straff"
"you won't be able to return to your former states"
"du kommer inte att kunna återvända till dina tidigare stater"
"unless, you both admit your faults"
"om inte ni båda erkänner era fel"
"but I am foresee that you will always remain statues"
"men jag har förutsett att ni alltid kommer att förbli statyer"
"pride, anger, gluttony, and idleness are sometimes conquered"
"stolthet, ilska, frosseri och sysslolöshet övervinns ibland"
"but the conversion of envious and malicious minds are miracles"
" men omvändelsen av avundsjuka och illvilliga sinnen är mirakel"
immediately the fairy gave a stroke with her wand
genast gav älvan ett slag med sin trollstav
and in a moment all that were in the hall were transported
och på ett ögonblick transporterades alla som fanns i hallen
they had gone into the prince's dominions
de hade gått in i furstens herravälde
the prince's subjects received him with joy

prinsens undersåtar tog emot honom med glädje
the priest married Beauty and the Beast
prästen gifte sig med skönheten och odjuret
and he lived with her many years
och han bodde hos henne i många år
and their happiness was complete
och deras lycka var fullständig
because their happiness was founded on virtue
därför att deras lycka grundades på dygd

The End
Slutet

www.tranzlaty.com

www.ingramcontent.com/pod-product-compliance
Lightning Source LLC
Chambersburg PA
CBHW012013090526
44590CB00026B/3985